CUISINE des QUATRE saisons RHÔNE-ALPES

CUISINE des QUATRE saisons RHÔNE-ALPES

Domitille Langot

Photographies Michel Langot

Éditions OUEST-FRANCE

PRÉFACE

Beaufort, tomme de Savoie, bœuf charolais, volailles fermières de Bresse, pêches de vigne, noix de Grenoble, châtaignes, cardons, olives noires de Nyons, ail de la Drôme, petit épeautre, et tant d'autres produits estampillent une région Rhône-Alpes haute en saveurs. Ils ont façonné le terroir, nourri des histoires et gravé dans le marbre des recettes traditionnelles dont la réputation a largement dépassé les frontières régionales.

Mais cette cuisine généreuse doit s'ouvrir aux nouvelles attentes contemporaines, sans renier son héritage : s'alimenter de façon saine en respectant la saisonnalité des produits.

Une aspiration qui n'a rien d'une énième tendance, qui implique une vision globale et vertueuse de notre lien à la nourriture. Déguster un gratin dauphinois en été n'a pas beaucoup de sens sur le plan de la ressource et des besoins physiologiques du moment. Les pommes de terre de la nouvelle récolte n'ont pas eu le temps de fabriquer l'amidon suffisant pour leur conférer leur fondant et leur tenue. Il sera parfait dès les premiers frimas pour entretenir le feu digestif. Et pourquoi pas avec des patates douces à l'indice glycémique plus faible, accompagnées d'une belle salade pour un plat parfaitement équilibré ?

Cuisinons donc de région et de saison ! Pour soutenir l'économie locale et respecter les cycles de la vie. Pour faire le plein de saveurs, de fraîcheur, de nutriments quand les produits sont au meilleur, abondants et bon marché.

Au fil des pages, je vous invite à la simplicité heureuse. S'emparer des plats emblématiques dans une cuisine du quotidien, saine, gourmande, variée et créative, offrant une plus grande part au végétal, en cohérence avec les besoins du moment.

Je vous souhaite de retrouver et d'apprécier ainsi les rituels reliés aux temps forts de chacune des saisons, respectueuse de l'identité de la région Rhône-Alpes.

Domitille Langot

SOMMAIRE

Petit préambule avant de se mettre en cuisine

LES PRODUITS ESSENTIELS

Tous ces produits sont des basiques du réfrigérateur et du placard. Vous ne serez jamais pris au dépourvu en cas d'imprévu. Préférez-les de qualité et bio. Ils feront vraiment la différence en termes de saveur.

Au réfrigérateur

Laits de vache et végétaux
Crème fraîche et fleurette
Beurre
Œufs
Herbes fraîches aromatiques
Citrons jaune et vert
Raifort
Fromages à pâte cuite : comté, beaufort, abondance...
Jambon sec
Graines germées

Dans les placards

Huile d'olive, noisette, noix
Huile neutre
Sauce soja
Concentré de tomates
Bouillon cube aromates, poule, légumes
Sel, gros sel, fleur de sel
Poivres blanc, noir, vert, baies roses
Sucres semoule, de canne, muscovado
Miel
Gousse de vanille
Levure chimique
Bicarbonate de soude
Câpres, cornichons
Olives et tapenade
Noix, noisettes, amandes, pistaches et pignons de pin
Échalote, ail et oignons
Thym, laurier
Vin blanc, vermouth de Chambéry
Épices
Farine de blé
Fécule de maïs ou de pommes de terre

LES USTENSILES INDISPENSABLES

Choisissez-les de qualité car ils contribuent à la réussite des plats et au plaisir de cuisiner.

Un couteau à grande lame
Un épluche-légumes
Un couteau en céramique
Une mandoline japonaise
Un fouet
Un chinois
Une passoire
Des piques en bois
Un mixeur plongeant
Une planche à découper
Une cocotte en fonte
Une poêle antiadhésive
Un cuit-vapeur en Inox
Un poivrier

LES CONSEILS D'ACHAT

Privilégiez les achats locaux et de saison sur les marchés ou directement chez les producteurs. Vous vous assurez ainsi de leur qualité, de leur provenance et de leur fraîcheur.
N'hésitez pas à questionner le vendeur pour connaître la date de récolte des fruits, des légumes, et ainsi planifier votre consommation tout en préservant la fraîcheur des produits.

LES CONSEILS DE PRÉPARATION

Pensez à affûter régulièrement vos couteaux.
Ne préparez pas trop longtemps les plats de crudités à l'avance. Les vitamines des fruits et des légumes s'oxydent rapidement dès qu'ils sont épluchés et coupés.
Privilégiez les cuissons rapides pour préserver la texture des aliments.
Les légumes et fruits bio concentrent leurs vitamines sous la peau. Selon la recette, ne les pelez pas. Contentez-vous de les brosser. Sinon, réservez les épluchures pour en faire des chips ou un bouillon de légumes. Coupez-les avec un couteau en céramique pour éviter leur oxydation et préserver leurs vitamines.
N'oubliez jamais de goûter vos plats. Selon le palais de chacun, vous aimerez diminuer ou intensifier le poivre, les épices, la matière grasse.
Méfiez-vous des charcuteries et fromages si vous les incorporez dans un plat. Ils sont très salés. Ayez donc la main légère sur le sel.

LES CONSEILS DE CUISSON

Sortez votre viande, vos poissons du réfrigérateur une quinzaine de minutes avant la préparation et la cuisson pour éviter le choc thermique.
Les temps et les températures de cuisson sont donnés à titre indicatif.
Selon l'épaisseur des découpes, le calibre des produits, la dimension et la matière du plat, la cuisson peut varier de plusieurs minutes.
Pour une cuisson homogène, veillez à couper les différents produits de la même taille.
Pour la cuisson à l'eau des céréales ou des légumes, pensez à couvrir la casserole et attendez l'ébullition pour saler. Vous ferez ainsi des économies d'énergie.

LES SIGLES

AOP : Appellation d'origine protégée
AOC : Appellation d'origine contrôlée
IGP : Indication géographique protégée

PRINTEMPS

Le printemps porte en lui les couleurs et les saveurs de l'émerveillement. Quand il secoue le tapis neigeux, les ciels gris et brumeux, pour laisser passer la lumière et relancer la montée de sève, c'est tout un territoire qui renoue avec les cinquante nuances de vert. Vaches, chèvres et brebis sortent de leur stabulation d'hiver pour retrouver pâtures herbeuses et fleuries, enrichissant leur lait. C'est le meilleur moment pour profiter de certains fromages dont les iconiques picodon (AOP) et saint-marcellin (IGP). Ce dernier, servi à la table du roi Louis XI, était, à l'origine, élaboré à partir de lait de chèvre. Malheureusement l'élevage caprin fut restreint pour reboiser les campagnes, alors celui de vache vint compenser le manque. Un changement de nature qui comble les amateurs de cette pépite si crémeuse qu'une fine croûte parvient à peine à retenir.

La tradition de l'agneau pascal ancre l'élevage ovin dans la saison et la région. Les troupeaux dans les prairies pérennisent l'image pastorale tout en contribuant à la biodiversité et l'entretien des terres difficiles d'accès. Que serait aussi le temps de Pâques sans l'emblématique pâtisserie dont la ville de Roman s'enorgueillit de la paternité depuis le Moyen Âge ? La pogne. Une brioche à la farine de seigle parfumée à la fleur d'oranger dans laquelle on rajoutait un peu de la précieuse farine de blé dont la culture était rare. Sans passer par la pesée sur la balance, tout se faisait au ressenti de la pogne pour lui donner ce goût de fête.

Les étals reprennent de l'ampleur avec tous les légumes primeurs : asperges, petits pois, carottes, navets et poireaux nouveaux. Des tendresses végétales dans les assiettes.

C'est aussi l'appel de la forêt pour tenter, panier au bras, de trouver des morilles. À défaut, il sera rempli de propositions gourmandes pour renouer avec les pique-niques : caillette maison ou cervelle de canut à savourer sur une belle tranche d'un pain de petit épeautre.

« *Au printemps et mon cœur et ton cœur sont repeints au vin blanc* », dit la chanson. Et les saveurs aussi.

Le meilleur du printemps

LÉGUMES

Ail nouveau
Asperge
Blette
Carotte primeur
Chou-fleur
Concombre
Fenouil
Fève
Navet primeur
Oignon botte
Poireau primeur
Pomme de terre primeur
Radis rose
Laitue et salade diverses
Petits pois

FRUITS

Cerise
Fraise
Framboise
Fruits rouges
Rhubarbe

Dip de cervelle de canut

Pour 6/8 personnes
Préparation : 15 min
Égouttage : 12 h

INGRÉDIENTS

500 g de faisselle
30 g de fanes de carottes
2 échalotes nouvelles
70 g de cerneaux de noix
7 cuillerées à soupe d'huile de noix
Fleur de sel, poivre, curry

La veille, verser la faisselle dans une écumoire au-dessus d'un bol et laisser s'égoutter pendant 12 h.

Laver, ciseler finement les fanes de carottes.
Éplucher, ciseler les échalotes.
Concasser les noix.
Mélanger tous les ingrédients. Saler, poivrer.
Ajouter une pointe de curry à votre convenance.
Réserver au frais.

Servir à l'apéritif sur des rondelles de radis, de navet, des feuilles d'endive ou de sucrine.
En involtini, roulé dans des tranches de jambon de l'Ardèche ou avec des bâtonnets de légumes : carotte, céleri branche...

La cervelle de canut est une spécialité lyonnaise. La faisselle égouttée est traditionnellement préparée avec de l'échalote ciselée, des herbes fraîches comme le persil, la ciboulette, l'estragon, puis assaisonnée d'huile d'olive. Elle se prête à toutes les variantes selon votre goût : huile de noisette, de colza, citron, vinaigre, ail et épices...

Picodons belle jardinière

Pour 4 personnes
Préparation : 25 min
Cuisson : 40 min

INGRÉDIENTS

2 picodons
1 kg de carottes fanes
60 g de petits pois écossés
40 g de pignons de pin
20 g de beurre
20 cl de crème
10 cl d'huile d'olive
Sel, poivre

PRÉPARER L'HUILE
Mixer finement 10 g de fanes de carottes avec l'huile d'olive. Passer au chinois. Saler, poivrer. Réserver.

Éplucher, couper en rondelles les carottes. Les cuire dans une casserole d'eau bouillante salée pendant 30 min environ. Vérifier la cuisson avec la pointe d'un couteau. Elles doivent être fondantes. Les mixer avec un petit peu d'eau de cuisson, le beurre et la crème. Saler éventuellement, poivrer. Réserver au chaud.
Cuire les petits pois dans une casserole d'eau bouillante salée pendant 5 min. Égoutter. Réserver au chaud.
Torréfier les pignons dans une poêle chaude pendant 3 min. Réserver.

Couper transversalement les picodons en deux puis les déposer sur une feuille de papier sulfurisé ou un tapis de cuisson. Les enfourner dans un four préchauffé à 180 °C (th. 6) pendant environ 5 min.

Répartir le velouté de carottes dans des assiettes creuses.
Placer au centre les picodons. Parsemer des petits pois, de pignons. Poivrer. Napper d'huile aux fanes. Savourer aussitôt.

ASTUCE

Ce plat peut se servir aussi bien chaud que froid.
Utiliser le surplus d'huile de fanes pour vos salades.

Caillette express

Pour 6/8 personnes
Préparation : 20 min
Cuisson : 1 h

INGRÉDIENTS

500 g de chair à saucisse
200 g de foie de porc
400 g de pousses d'épinards
200 g de cresson
1 oignon
2 gousses d'ail
1 œuf
5 cl de vin blanc
20 g de beurre
Sel, poivre, noix de muscade

Laver, égoutter les épinards et le cresson.
Dans une casserole, faire fondre le beurre.
Ajouter les épinards et le cresson. Les faire tomber à feu vif en remuant fréquemment pendant environ 5 min. Égoutter en pressant bien sur les parois pour éliminer le maximum d'eau de végétation.
Éplucher l'oignon et les gousses d'ail.
Couper en morceaux le foie.
Mixer la verdure égouttée, l'oignon, l'ail et le foie.

Dans un bol, fouetter l'œuf. Verser la chair à saucisse et la préparation mixée. Saler, poivrer et ajouter une bonne râpée de noix de muscade.
Bien mélanger.
Verser dans un plat préalablement huilé. Tasser.
Verser dessus le vin blanc.

Cuire dans un four préchauffé à 210 °C (th. 7) pendant 45 min. Baisser la température à 180 °C (th. 6) et poursuivre la cuisson 15 min. Éliminer le jus de cuisson. Laisser reposer.

Savourer tiède ou froid, en tranches, accompagné d'une salade de saison bien vinaigrée : cresson, barbe de capucin, pissenlit.

Carpaccio primeur et crémeux de saint-marcellin

Pour 4 personnes
Préparation : 25 min
Cuisson : 5 min

INGRÉDIENTS

1 botte de radis fanes
1 saint-marcellin très frais
4 petits navets nouveaux
Quelques graines germées

Sauce
8 cuillerées à soupe d'huile d'olive
1 cuillerée à soupe de tapenade
1 oignon nouveau et son vert
Fleur de sel, poivre

PRÉPARER LE CRÉMEUX
Laver soigneusement les fanes de radis dans plusieurs eaux. Les égoutter puis les verser dans une casserole. Les faire fondre à feu moyen en remuant fréquemment. Ajouter ensuite le saint-marcellin en morceaux. Faire fondre en remuant constamment. Mixer finement. Poivrer. Laisser tiédir.

PRÉPARER LA SAUCE
Ciseler finement l'oignon et son vert.
Mélanger tous les ingrédients.

Éplucher les navets.
Laver une douzaine de radis.
Émincer finement navets et radis à la mandoline.

Déposer un peu de crémeux de saint-marcellin au centre des assiettes.
Répartir harmonieusement les rondelles de navets et de radis, les graines germées.
Arroser de sauce. Parsemer de fleur de sel.
Donner un tour de moulin à poivre.
Savourer aussitôt.

ASTUCE

Pour plus de gourmandise : ajouter un filet de miel et quelques pignons de pin torréfiés.

Ravioles de Romans aux asperges

Pour 4 personnes
Préparation : 15 min
Cuisson : 8 min

INGRÉDIENTS

16 fines asperges blanches
4 planches de ravioles de Romans
1 cube de bouillon de poule
Quelques filaments de safran
1 cuillerée à soupe de crème fraîche
Sel, fleur de sel, poivre

Décor
Herbes fraîches, pétales de fleurs, filaments de safran

Couper les talons des asperges puis les éplucher. Rincer soigneusement talons et épluchures. Réserver.

Couper la pointe des asperges à 3 cm puis les tiges en petits tronçons de 1 cm.
Plonger les tronçons dans une casserole d'eau bouillante salée pendant 2 min. Ajouter ensuite les pointes et poursuivre la cuisson environ 3 min. Les asperges doivent être tendres et légèrement fermes. Les écarter sur un papier absorbant.

Verser les talons et les épluchures réservées dans l'eau de cuisson des asperges. Ajouter le cube de bouillon de poule. Laisser frémir à feu doux pendant 20 min. Filtrer.
Reverser le bouillon dans la casserole. Ajouter le safran, la crème. Mélanger. Ajouter les asperges et les ravioles. Cuire à feu très doux 1 min.

Répartir la préparation dans les assiettes à l'aide d'une écumoire. Ajouter un peu de bouillon, les herbes, les fleurs et le safran. Saupoudrer d'un peu de fleur de sel et donner un tour de moulin à poivre.
Savourer aussitôt.

Agneau confit au vermouth de Chambéry

Pour 4 personnes
Préparation : 1 h
Cuisson : 2 h 10

INGRÉDIENTS

Confit
1,2 kg d'épaule d'agneau
15 cl de vermouth de Chambéry
3 cuillerées à soupe d'huile d'olive
4 têtes d'ail nouveau
1 carotte
4 brins de thym frais
Sel, fleur de sel, poivre

Pesto
20 g de fanes de carottes
2 échalotes nouvelles
50 g de cerneaux de noix
5 cuillerées à soupe d'huile de noix
Fleur de sel, poivre

16 petites carottes fanes
700 g de fèves fraîches

PRÉPARER LE CONFIT
Couper l'épaule d'agneau en cubes.
Éplucher, râper finement la carotte.
Couper les têtes d'ail transversalement en deux.
Dans une cocotte, rissoler les cubes d'agneau dans l'huile d'olive à feu vif pendant 10 min en remuant fréquemment. Verser le vermouth. Saler, poivrer. Mélanger. Ajouter la carotte râpée, les têtes d'ail et les brins de thym. Couvrir et cuire dans un four préchauffé à 150 °C (th. 5) pendant 2 h. Effilocher la viande.

PRÉPARER LE PESTO
Rincer soigneusement les fanes. Éplucher les échalotes.
Mixer tous les ingrédients. Réserver.

Écosser les fèves. Les cuire dans une casserole d'eau bouillante salée pendant 3 min. Égoutter puis les éplucher.
Éplucher les carottes. Les cuire à la vapeur pendant environ 10 min. Vérifier la cuisson avec la pointe d'un couteau. Elles doivent être fondantes. Réserver au chaud.

Dresser dans les assiettes l'effiloché d'agneau, les carottes et les fèves. Ajouter le pesto. Savourer avec un riz blanc.

Cuisses de grenouilles en persillade

Pour 4 personnes
Préparation : 45 min
Cuisson : 35 min

INGRÉDIENTS

20 cuisses de grenouilles des Dombes
1 bouquet de persil
2 gousses d'ail
150 g de beurre
Sel, poivre
Farine de blé

Purée
1 kg de pommes de terre
300 g de courgettes
2 gousses d'ail
2 cuillerées à soupe de crème fraîche
4 cuillerées à soupe d'huile d'olive
50 g de bleu du Vercors
Sel, poivre

PRÉPARER LA PURÉE
Éplucher, couper en cubes les pommes de terre.
Couper en rondelles les courgettes.
Éplucher et couper l'ail en deux.
Verser le tout dans une casserole. Couvrir d'eau à hauteur. Saler. Cuire pendant 20 min environ après l'ébullition. Vérifier la cuisson. Les pommes de terre doivent être tendres. Égoutter. Reverser dans la casserole. Ajouter l'huile d'olive et la crème fraîche. Passer au presse-purée. Ajouter le bleu du Vercors coupé en petits cubes. Remettre à feu doux en remuant fréquemment pendant environ 5 min pour faire fondre le fromage et sécher légèrement la purée. Réserver au chaud.

Ciseler finement le persil. Passer l'ail au presse-ail. Mélanger ail et persil. Réserver.
Verser un peu de farine dans une assiette, y rouler les cuisses de grenouilles. Tapoter pour retirer l'excédent.
Dans une grande poêle, faire mousser le beurre à feu moyen. Déposer les cuisses de grenouilles. Cuire pendant environ 4 à 5 min en prenant soin de ne pas faire brûler le beurre. (Éventuellement, baisser le feu ou rajouter un peu de beurre.)
Retourner les cuisses. Poursuivre la cuisson pendant 4 à 5 min. Elles doivent être bien dorées.
Saler, poivrer. Ajouter les deux tiers de la persillade.
Laisser une dernière minute sur le feu.
Répartir les cuisses dans chaque assiette sur la purée bien chaude.
Parsemer du reste de persillade.
Savourer aussitôt.

Polenta aux morilles et petits pois

Pour 4 personnes
Préparation : 20 min
Cuisson : 30 min

INGRÉDIENTS

Polenta
100 g de polenta fine
5 cl de lait
3 cuillerées à soupe d'huile d'olive
100 g de fromage abondance
Sel, poivre

200 g de petits pois écossés
200 g de morilles
20 g de beurre
2 échalotes nouvelles
5 cl de vin blanc
1 cuillerée à soupe de crème fraîche
1 petite poignée de roquette
Sel, poivre

PRÉPARER LA POLENTA
Porter à ébullition le lait dans une casserole. Saler. Verser en pluie la polenta. Cuire pendant environ 5 min à feu doux en remuant constamment jusqu'à obtenir une texture crémeuse. Ajouter l'abondance râpé, l'huile d'olive. Poivrer. Mélanger sur feu doux jusqu'à obtenir une texture homogène. Verser dans un plat à four préalablement huilé.
Réserver au chaud.

Cuire les petits pois dans une casserole d'eau bouillante salée pendant environ 5 min. Ils doivent être légèrement croquants. Égoutter.
Réserver au chaud.

Rincer soigneusement les morilles pour éliminer les résidus sableux. Sécher sur un papier absorbant. Dans une poêle, faire suer les échalotes ciselées dans le beurre à feu moyen pendant 2 min.
Ajouter les morilles. Cuire pendant 3 min.
Déglacer avec le vin blanc. Après complète évaporation, ajouter la crème fraîche. Saler, poivrer.
Poursuivre la cuisson 2 min à feu doux.
Ajouter les petits pois. Mélanger puis verser sur la polenta.
Cuire dans un four préchauffé à 180 °C (th. 6) pendant 10 min.
Parsemer de roquette.
Savourer aussitôt.

Pogne perdue aux cerises

Pour 4 personnes
Préparation : 20 min
Cuisson : 15 min

INGRÉDIENTS

Pogne (brioche) perdue
4 tranches de pogne rassises
20 cl de lait d'amande
1 œuf
1 cuillerée à soupe d'arôme naturel d'amande
1 cuillerée à soupe de sucre semoule
30 g de beurre
30 g d'amandes effilées

Cerises
400 g de cerises
20 g de beurre
1 cuillerée à soupe d'épices à pain d'épices
1 cuillerée à soupe de sucre muscovado

Torréfier les amandes effilées dans une poêle chaude pendant 3 min environ. Réserver.

Dans un bol, mélanger l'œuf, le lait d'amande, l'arôme d'amande et le sucre. Tremper l'une après l'autre les tranches de pogne pour les imbiber.
Dans une poêle, faire fondre le beurre.
Déposer les tranches de pogne et les dorer à feu doux pendant environ 5 min de chaque côté.
Réserver au chaud.

Laver, dénoyauter les cerises.
Dans une poêle, faire fondre à feu doux le beurre avec les épices et le sucre. Bien mélanger.
Monter la puissance à feu vif pour poêler les cerises pendant 2 min en remuant constamment.

Répartir les cerises sur les tranches de pogne.
Parsemer d'amandes effilées.
Savourer aussitôt.

Soupe de fraises et brunoise de rhubarbe

Pour 4 personnes
Préparation : 30 min
Cuisson : 30 min
Marinade : 4 h

INGRÉDIENTS

250 g de fraises
200 g de rhubarbe
100 g de sucre semoule
10 cl de crème fleurette

Sirop
500 g de fraises
7 cl d'eau
70 g de sucre semoule

PRÉPARER LA RHUBARBE
L'éplucher et la couper en brunoise. La verser dans un bol. Ajouter le sucre. Mélanger.
Laisser dégorger pendant 4 h au frais en remuant de temps à autre. Égoutter. Réserver.

PRÉPARER LE SIROP
Laver, équeuter les fraises. Les couper en deux ou en quatre selon leur grosseur. Les verser dans une casserole. Ajouter le sucre et l'eau. Mélanger. Cuire à feu doux pendant 30 min sans jamais remuer.
Verser dans un chinois au-dessus d'un bol et laisser s'égoutter jusqu'à complet refroidissement. Ne surtout pas presser la pulpe pour obtenir un sirop bien clair.

PRÉPARER LA CHANTILLY
Placer 15 min la crème fleurette au congélateur. La fouetter en chantilly.
Récupérer la pulpe de fraises du sirop.
La passer au chinois puis l'incorporer à la chantilly.

Laver, équeuter, couper en deux les fraises. Répartir dans des assiettes creuses, le sirop, les fraises, la brunoise de rhubarbe.
Savourer en ajoutant à votre convenance la chantilly.

ÉTÉ

L'été s'impose pour donner du relief aux cultures fruitières. Tout s'épanouit, se gorge de soleil. Comme l'abricot de la Drôme, un petit bijou qui fait la réputation de toute une région. Le sol limoneux et l'ensoleillement se conjuguent pour multiplier les vergers depuis le XIVe siècle. Ainsi que d'autres fruits tous aussi emblématiques : la cerise Ratafia, si juteuse et sucrée, cultivée à Saint-Hilaire-du-Rosier dont on fera liqueurs et confitures, la framboise de Machilly, pionnière depuis les années 1950, sortant ce fruit rouge des jardins pour une production de grande envergure. Il y a aussi les pêches, les nectarines. Les myrtilles sauvages feront le bonheur des cueilleurs, mais aussi des producteurs, notamment ceux de l'Ardèche, qui la célèbrent le premier samedi d'août dans le village de Mézilhac. Une belle reconnaissance à leur travail laborieux de débroussaillage de ronces et genêts afin de protéger la lande et maintenir la biodiversité.

Les champs de céréales prennent doucement leur couleur flavescente. L'une d'elles est remarquable pour avoir été sauvée de l'oubli : le petit épeautre aux délicieux arômes de noisette. Aujourd'hui IGP, il fait la fierté des agriculteurs, revalorisant ainsi des terres particulièrement pauvres où il se plaît. Dans les plaines verdoyantes et vallonnées de la Bresse, les volailles picorent inlassablement les prairies à la recherche de vers de terre, mollusques, herbes et graines. Ce mode d'élevage associé à la sélection de la race Gauloise Blanche leur confère une saveur exceptionnelle. On raconte que le vainqueur du Tour de France en 1909 se dopait en en avalant trois à la suite après l'étape du jour. Elles n'ont pas eu grand chemin à faire pour entrer dans le patrimoine gourmand de la ville de Lyon. Le fameux poulet au vinaigre est décliné depuis les générations des Mères lyonnaises, chaque restaurant, chaque famille y allant de sa variation pour lui donner sa touche personnelle.

C'est aussi la pleine abondance de nombreux légumes et herbes aromatiques. Ils seront délicieux en compagnie d'un fabuleux exhausteur de goût : l'ail de la Drôme. Après sa récolte en juin, son séchage en juillet, il se présente sur les étals dans sa belle robe blanche apportant sa saveur douce et sucrée aux plats estivaux. En lui laissant tomber la chemise...

Le meilleur de l'été

LÉGUMES

Aubergine
Bette
Chou-fleur
Choux
Concombre
Courgette
Échalote
Épinards
Haricot vert
Laitue et salades diverses
Oignon
Poireau
Petits pois
Pomme de terre
Poivron
Radis
Tomate

FRUITS

Abricot
Cerise
Framboise
Fruits rouges
Myrtille
Pastèque
Pêche
Prune
Raisin

Abricots et concombre mimosa

Pour 4 personnes
Préparation : 15 min

INGRÉDIENTS

2 œufs durs
50 g de roquette
100 g d'olives noires dénoyautées
2 cuillerées à soupe de mayonnaise
6 petits abricots
1/2 concombre
Sel, poivre

Hacher la roquette et les olives.
Écaler et écraser les œufs durs.
Mélanger dans un bol, la roquette, les olives, les œufs avec la mayonnaise. Saler, poivrer.
Réserver au frais.

Couper les abricots en deux et les dénoyauter.
Couper le concombre en rondelles.
Déposer dessus un petit peu du mélange aux olives.
Savourer à l'apéritif.

Quenelles d'aubergine

Pour 4 personnes
Préparation : 20 min
Cuisson : 15 min

INGRÉDIENTS

200 g d'aubergine
1 blanc de poulet
3 gousses d'ail
10 brins de persil
2 tomates ananas
2 échalotes
Quelques feuilles de roquette
4 tomates cerises
8 cuillerées à soupe d'huile d'olive
Sel, poivre

Mixer les tomates ananas avec les échalotes ciselées et trois cuillerées à soupe d'huile d'olive. Saler, poivrer. Passer au chinois. Réserver au frais.

Couper le blanc de poulet en petits cubes. Chauffer une cuillerée à soupe d'huile avec une gousse d'ail hachée. Cuire les cubes de poulet à feu vif pendant quelques minutes jusqu'à ce qu'ils soient bien dorés. Saler, poivrer.

Couper l'aubergine en petits cubes. Chauffer deux cuillerées à soupe d'huile avec une gousse d'ail hachée. Rissoler les cubes d'aubergine 3 min à feu vif. Saler, poivrer. Couvrir et poursuivre la cuisson à couvert et à feu doux environ 10 min. Si besoin, ajouter un peu d'eau. La chair doit être fondante.

Dans le bol d'un mixeur, verser la troisième gousse d'ail épluchée et le persil. Mixer. Ajouter les cubes de poulet et d'aubergine et deux cuillerées à soupe d'huile d'olive. Mixer finement. Vérifier l'assaisonnement. Laisser refroidir et réserver au frais.

Former quatre quenelles de la préparation à l'aubergine entre deux cuillères à soupe. Les placer au centre des assiettes creuses. Répartir le coulis de tomate. Parsemer de roquette. Ajouter les tomates cerises coupées en deux. Donner un tour de moulin à poivre. Savourer avec du pain grillé.

Boulgour de petit épeautre aux tomates confites

Pour 4 personnes
Préparation : 15 min
Cuisson : 1 h 10

INGRÉDIENTS

200 g de boulgour précuit de petit épeautre
16 tomates cocktail
3 gousses d'ail
6 brins d'origan
1 cuillerée à soupe de sucre semoule
15 cl d'huile d'olive
1 vingtaine d'olives noires dénoyautées
Sel, poivre

Dans un bol, mélanger l'huile d'olive, les gousses d'ail hachées, trois brins d'origan effeuillés, le sucre. Saler, poivrer.
Couper les tomates en deux puis les placer dans un plat à four, côté chair sur le fond. Arroser de la préparation à l'huile. Confire dans un four préchauffé à 150 °C (th. 5) pendant 1 h. Cinq minutes avant la fin de cuisson, ajouter les olives détaillées en rondelles.

Rincer puis cuire le boulgour de petit épeautre dans une casserole d'eau bouillante salée pendant 10 min. Égoutter. Réserver au chaud.

Verser dans un plat de service le boulgour et le jus de cuisson des tomates. Mélanger. Vérifier l'assaisonnement. Ajouter les tomates, les olives et les trois derniers brins d'origan effeuillés.
Savourer avec une salade verte ou en accompagnement d'un plat de viande.

Carpaccio d'été

Pour 4 personnes
Préparation : 20 min
Cuisson : 30 min

INGRÉDIENTS

1 courgette verte
1 courgette jaune
1 pêche blanche
1 petit cervelas aux pistaches
Quelques feuilles de salade
2 oignons nouveaux

Vinaigrette
1 pêche blanche
8 cuillerées à soupe d'huile d'olive
1/2 jus de citron
Fleur de sel, poivre

Déposer le cervelas dans une casserole d'eau froide. Porter à ébullition et cuire à petits frémissements pendant 30 min. Laisser refroidir et le couper en douze tranches fines. Réserver.

PRÉPARER LA VINAIGRETTE
Éplucher la pêche, l'écraser à la fourchette. L'émulsionner dans un bol avec le jus de citron et l'huile d'olive. Saler, poivrer. Réserver.

Émincer en rondelles les deux courgettes.
Couper en fins quartiers la pêche.
Ciseler les oignons.

Répartir harmonieusement les courgettes, la pêche, la salade et les tranches de cervelas dans les assiettes. Parsemer des oignons.
Arroser de vinaigrette.
Savourer aussitôt.

Tarte rustique aux poivrons

Pour 4 personnes
Préparation : 25 min
Cuisson : 35 min
Repos : 30 min

INGRÉDIENTS

1 poivron vert
1 poivron rouge
1 poivron jaune
1 poivron orange
2 cuillerées à soupe d'huile d'olive
2 gousses d'ail
4 feuilles de sauge
4 tranches de jambon d'Ardèche
Sel, poivre

Pâte
150 g de farine de maïs
100 g de farine de blé
1 œuf
10 cl d'huile
5 cl d'eau
10 g de feuilles de sauge
1/2 cuillerée à café de sel

PRÉPARER LA PÂTE
Ciseler les feuilles de sauge.
Mélanger tous les ingrédients et former une boule.
Placer 30 min au frais.

Couper les poivrons en deux. Retirer les graines et les parties blanches. Les émincer.
Dans une poêle, chauffer l'huile d'olive avec les deux gousses d'ail hachées. Poêler à feu vif les poivrons pendant 5 min. Saler, poivrer.

Étaler la pâte. Déposer les poivrons.
Rabattre les bords. Cuire dans un four préchauffé à 180 °C (th. 6) pendant environ 30 min.

Parsemer la tarte des feuilles de sauge ciselées.
Savourer avec le jambon.

Poulet au vinaigre de framboise

Pour 4 personnes
Préparation : 30 min
Cuisson : 20 min

INGRÉDIENTS

4 blancs de poulet
2 pêches blanches
16 framboises
10 cl de vinaigre de cidre
2 cuillerées à soupe de moutarde en grains
8 cuillerées à soupe de crème fraîche
2 brins d'estragon
20 g de beurre
4 cuillerées à soupe d'huile d'olive
Sel, poivre

Mixer dix framboises avec le vinaigre.
Dans un bol, mélanger la moutarde et la crème.
Dans une poêle, chauffer 10 g de beurre et deux cuillerées à soupe d'huile d'olive. Dorer à feu vif les blancs de poulet environ 3 min de chaque côté.
Déglacer avec la moitié du vinaigre de framboise. Quand il est évaporé, verser le restant. Saler, poivrer. Cuire à feu doux 3 min de chaque côté. Ajouter la crème. Bien mélanger la sauce et en arroser les blancs. Poursuivre 3 min la cuisson. Réserver au chaud.

Détailler les pêches en quartiers. Chauffer le beurre et l'huile d'olive restants dans une poêle.
Dorer les pêches environ 2 min de chaque côté.
Saler, poivrer.

Dresser dans les assiettes le poulet et les pêches.
Répartir la sauce. Parsemer d'estragon ciselé.
Ajouter les framboises restantes coupées en deux.
Savourer aussitôt accompagné éventuellement d'un riz basmati.

Tartare melon truite

Pour 4 personnes
Préparation : 30 min
Cuisson : 3 min

INGRÉDIENTS

600 g de filet de truite
1/2 melon
150 g de pois gourmands
50 g d'amandes effilées
3 échalotes
6 cuillerées à soupe d'huile d'olive
10 feuilles de menthe
Fleur de sel, poivre

Détailler la chair du melon en petits cubes. Les saler puis les verser dans une passoire au-dessus d'un bol pour les dégorger le temps de la préparation.

Couper les pois gourmands en fines lanières. Les blanchir 3 min dans une casserole d'eau bouillante salée. Égoutter. Laisser refroidir. Les assaisonner avec deux cuillerées à soupe d'huile d'olive. Saler, poivrer. Réserver.

Éplucher, ciseler les échalotes.
Ciseler les feuilles de menthe.
Torréfier les amandes dans une poêle chaude pendant 3 min.
Retirer la peau des filets de truite. Détailler la chair en petits cubes.
Dans un bol, mélanger les cubes de truite et de melon, la menthe ciselée et deux échalotes.
Verser quatre cuillerées à soupe d'huile d'olive.
Saler, poivrer.

Dresser à l'aide d'un cercle le tartare melon truite dans chaque assiette. Répartir les pois gourmands. Parsemer des amandes torréfiées et de la dernière échalote ciselée. Donner un tour de moulin à poivre.
Savourer aussitôt.

Chevrotin et abricots rôtis

Pour 4 personnes
Préparation : 15 min
Cuisson : 10 min

INGRÉDIENTS

2 chevrotins
8 abricots
40 g de noisettes décortiquées
2 brins de romarin
1 gousse d'ail
3 cuillerées à soupe d'huile d'olive
Sel, poivre

Couper et détailler les abricots en quartiers. Chauffer l'huile d'olive dans une poêle avec la gousse d'ail tapée et un brin de romarin effeuillé. Ajouter les quartiers d'abricots et les rissoler pendant 2 min de chaque côté. Saler, poivrer. Réserver au chaud.

Ciseler le deuxième brin de romarin. Concasser grossièrement les noisettes. Couper transversalement les chevrotins en deux. Les placer dans des ramequins à crème brûlée. Parsemer du romarin et des noisettes. Poivrer. Cuire 5 min environ dans un four préchauffé à 180 °C (th. 6). Ils doivent être fondants.

Servir les chevrotins avec les abricots rôtis, accompagnés d'une salade de mesclun et de pain grillé.

Faisselle aux myrtilles

Pour 4 personnes
Préparation : 20 min
Égouttage : 12 h
Réfrigération : 15 min

INGRÉDIENTS

400 g de faisselle
10 cl de crème fleurette
2 cuillerées à soupe de miel
100 g de myrtilles sauvages
50 g myrtilles cultivées
2 pêches de vigne
50 g de pistaches décortiquées non salées

Mettre la faisselle à égoutter pendant 12 h dans une passoire au-dessus d'un bol.

Placer la crème fleurette 15 min au congélateur.
La monter en chantilly.
Concasser grossièrement les pistaches.
Dans un bol, mélanger la faisselle égouttée avec les myrtilles sauvages, 30 g de pistaches et le miel (le chauffer si besoin). Incorporer la chantilly. Réserver au frais.

Couper les pêches en lamelles.
Dresser la faisselle à l'aide d'un cercle au fond des assiettes. Disposer les lamelles de pêches.
Ajouter les myrtilles cultivées et le restant de pistaches.
Savourer aussitôt arrosé d'un filet de miel.

Nougat glacé à la framboise

Pour 6/8 personnes
Préparation : 25 min
Réfrigération : 15 min
Congélation : 2 h

INGRÉDIENTS

300 g de framboises
30 g de pistaches
30 g d'amandes
30 g de pignons de pin
2 blancs d'œufs
20 cl de crème fleurette
2 cuillerées à soupe de sucre muscovado
2 cuillerées à soupe de miel de lavande

Placer la crème fleurette 15 min au congélateur.
La monter en chantilly avec le sucre muscovado.

Concasser grossièrement les pistaches
et les amandes. Les torréfier avec les pignons à sec
dans une poêle pendant 3 min.

Chauffer le miel.
Monter les blancs en neige. Ajouter petit à petit
le miel en poursuivant l'émulsion.

Dans un bol, écraser grossièrement les framboises.
Ajouter les fruits secs torréfiés, la chantilly.
Mélanger délicatement. Incorporer les blancs
en neige.

Placer au congélateur 2 h.
Sortir le nougat glacé 15 min avant de savourer.

AUTOMNE

S'il était une saison de la beauté, ce serait l'automne. Les couleurs fauves, les lumières dorées après les brumes matinales donnent à la nature et aux cultures une majesté enchanteresse. C'est le temps attendu des vendanges et des dernières récoltes avant la dormance de l'hiver. Les premiers froids incitent à de nouvelles envies, le retour de plats chauds et réconfortants comme le matafan ou matefaim. Selon la région, l'appellation change comme les ingrédients qui le composent. À l'origine, une omelette paysanne élaborée avec tout ce que l'on avait sous la main pour tenir au corps pendant les travaux des champs. Aujourd'hui, chacun fait la sienne avec l'inspiration et les produits du moment : champignons, pommes de terre, fromage ou viande. Elle se savoure aussi en version sucrée avec des fruits : pommes et poires de Savoie, sans oublier de la parsemer de quelques cerneaux de noix de Grenoble, bénéficiant d'une AOC et dont la culture a dessiné le paysage du Bas-Dauphiné.

On retrouve aussi le plaisir de plonger sa cuillère dans une soupe fumante de premiers légumes racines, parfois adoucie avec la petite reine de la saison : la châtaigne. Celle d'Ardèche détient une AOP depuis peu. Une reconnaissance pour le travail remarquable des castanéiculteurs à lutter contre son lent déclin depuis la fin du XIXe siècle. Elle revient de loin, et aujourd'hui, portée par la tendance du sans gluten, elle ravit les gourmands sous toutes ses formes, en salé comme en sucré : entière, grillée, en purée, en farine.

D'autres plats emblématiques et généreux de la cuisine familiale s'apprécient de nouveau à la faveur de l'automne : le saucisson pistaché emmitouflé dans une brioche, le sommet du fondant des quenelles sauce Nantua ou le gratin de crozets, ces petites pâtes à la forme caractéristique, bien au chaud sous une couche douillette de fromage des alpages. Des plaisirs qui vont de pair avec le mauvais temps. Comme l'écrit si bien le poète de Saône-et-Loire, Joseph de Berchoux, à qui l'on doit le mot gastronomie :

« *Vous vous procurerez sous ce ciel favorable*
Tout ce qui peut servir aux douceurs de la table. »

Le meilleur de l'automne

LÉGUMES

Ail
Aubergine
Bette
Betterave
Brocoli
Carotte
Cardon
Céleri-rave
Chou-fleur
Choux vert, rouge, blanc, kale
Courges
Endive
Épinards
Fenouil
Maïs
Navet
Oignon
Pomme de terre
Poireau
Radis noir
Salades diverses
Topinambour

FRUITS

Châtaigne
Coing
Mûre
Myrtille
Noisette
Noix
Poire
Pomme
Prune
Raisin

Raisins surprise

Pour 12 billes
Préparation : 25 min

INGRÉDIENTS

12 grains de raisin
150 g de fromage frais
1 échalote
6 tranches fines de jambon de pays
50 g de noix de Grenoble décortiquées
10 brins de persil

Éplucher, ciseler l'échalote.
Concasser grossièrement les noix.
Ciseler le persil.
Couper le jambon en petits morceaux.
Mélanger tous ces ingrédients.

Former une bille de fromage frais et glisser au centre un grain de raisin. Rouler la bille entre vos paumes pour bien recouvrir le grain, puis la rouler dans le mélange noix jambon.

Placer au frais.
Savourer à l'apéritif.

Soupe céleri châtaigne

Pour 4 personnes
Préparation : 15 min
Cuisson : 30 min

INGRÉDIENTS

500 g de céleri boule
200 g de châtaignes cuites
4 tranches de jambon de pays
1 oignon
2 cuillerées à soupe d'huile d'olive
20 cl de crème fluide
Sel, poivre, paprika fumé

Éplucher le céleri, le couper en petits cubes.
Les cuire dans une casserole d'eau bouillante salée pendant 25 min environ. Ils doivent être tendres.
Ajouter 80 g de châtaignes et poursuivre la cuisson pendant 5 min. Égoutter en réservant l'eau de cuisson. Mixer en ajoutant l'eau de cuisson au fur et à mesure jusqu'à obtenir la consistance souhaitée. Ajouter la crème. Poivrer.
Réserver au chaud.

Couper les 120 g de châtaignes restantes en petits morceaux.
Détailler le jambon en fines lanières.
Éplucher, émincer l'oignon.
Chauffer l'huile d'olive dans une poêle.
Rissoler les châtaignes, le jambon et l'oignon pendant 3 min. Ajouter le paprika fumé à votre convenance.

Répartir la soupe dans les bols. Ajouter le mélange aux châtaignes.
Savourer aussitôt.

Salade tutti frutti

Pour 4 personnes
Préparation : 25 min

INGRÉDIENTS

100 g de mâche
2 petites poires
4 figues
12 grains de raisin
16 cerneaux de noix

Sauce
6 cuillerées à soupe d'huile de noix
1 yaourt grec de brebis
2 cm de gingembre
1 petit oignon rouge
1 petite poire
1/2 jus de citron et son zeste
1 cuillerée à soupe de vinaigre balsamique blanc
Sel, poivre

PRÉPARER LA SAUCE
Éplucher, râper le gingembre.
Éplucher, ciseler l'oignon.
Éplucher, couper la poire en brunoise.
Mélanger tous les ingrédients. Réserver.

Laver, essorer la mâche.
Couper les poires en fines lamelles, les figues en fines rondelles, et les grains de raisin en deux.

Dresser dans chaque assiette un petit pompon de mâche. Répartir les lamelles de poires et les rondelles de figues tout autour.
Parsemer des grains de raisin et des cerneaux de noix.
Arroser de sauce au gingembre.
Savourer aussitôt.

Quenelles au lait de courge

Pour 8 quenelles
Préparation : 25 min
Cuisson : 25 min

INGRÉDIENTS

8 quenelles de volaille aux morilles
550 g de butternut
50 cl de lait
3 feuilles de laurier
1 gousse d'ail
20 g de beurre
2 cuillerées à soupe d'huile d'olive
10 brins de coriandre
Sel, poivre, paprika

Couper 400 g de butternut en petits cubes. Porter à frémissement le lait, y verser les cubes de butternut. Saler, ajouter les feuilles de laurier. Cuire à feu doux pendant environ 20 min. La chair de butternut doit être fondante. Retirer les feuilles de laurier. Mixer finement. Ajouter le beurre. Poivrer et saupoudrer de paprika à votre convenance.

Verser le lait de butternut dans un plat à four. Disposer les quenelles en prenant soin de leur laisser de l'espace entre-elles pour qu'elles puissent gonfler. Le lait de courge doit les recouvrir aux deux tiers. Ajouter un petit copeau de beurre sur chacune d'elles. Cuire dans un four préchauffé à 200 °C (th. 6-7) pendant 25 min environ.

Couper en brunoise les 150 g de butternut restants. Chauffer l'huile d'olive et l'ail haché dans une poêle. Cuire à feu vif la brunoise de butternut pendant 3 min. Elle doit être légèrement croquante. Saler, poivrer. Ajouter la coriandre ciselée puis en parsemer le plat de quenelles. Savourer aussitôt.

Gratin de crozets pomme épinards

Pour 4 personnes
Préparation : 30 min
Cuisson : 30 min

INGRÉDIENTS

250 g de crozets au sarrasin
300 g d'épinards
1 poireau
1 pomme
80 g de tomme de Savoie
25 cl de crème fluide
Sel, poivre, noix de muscade

Équeuter, laver les épinards. Les faire fondre dans une casserole avec un peu de sel pour éliminer leur eau de végétation pendant environ 3 min. Égoutter en pressant bien. Réserver.

Détailler le poireau en très fines rondelles, la pomme en fines lamelles, la tomme en petits cubes.

Porter à ébullition une casserole d'eau salée. Verser les crozets et le poireau. Cuire pendant 5 min. Égoutter.
Mélanger les crozets, le poireau et les épinards avec 15 cl de crème. Poivrer et ajouter une bonne pincée de noix de muscade.
Répartir la préparation dans des moules à gratin beurrés. Ajouter les lamelles de pomme et les cubes de tomme. Verser le reste de crème.
Cuire 20 min dans un four préchauffé à 180 °C (th. 6).
Savourer aussitôt.

Saucisson brioché au brocoli

Pour 8 personnes
Préparation : 25 min
Cuisson : 1 h 15
Levée de la pâte : 2 h

INGRÉDIENTS

1 saucisson pistaché de 500 g
400 g de farine de blé
20 g de levure de boulanger
2 œufs
150 g de beurre mou
200 g de fleurettes de brocoli
Sel, poivre

Décor
1 jaune d'œuf
20 g de pistaches décortiquées
1 fleurette de brocoli

Cuire les fleurettes de brocoli dans une eau bouillante salée pendant 10 min. Égoutter puis mixer finement. Réserver.
Délayer la levure de boulanger dans un peu d'eau tiède.
Dans la cuve d'un robot, pétrir la farine, les œufs, la purée de brocoli et la levure. Saler, poivrer.
Pétrir de nouveau en ajoutant au fur et à mesure le beurre coupé en petits cubes. Lorsque la pâte est bien homogène, la couvrir d'un linge et laisser lever pendant 1 h 30.

Cuire le saucisson dans une casserole d'eau frémissante pendant 20 min. Laisser refroidir puis retirer la peau.

Dans un moule à cake beurré, verser la moitié de la pâte. Poser le saucisson. Couvrir du restant de pâte. Laisser lever 30 min.

Badigeonner la pâte de jaunes d'œufs.
Râper la fleurette de brocoli, en parsemer la brioche avec les pistaches.
Cuire dans un four préchauffé à 180 °C (th. 6) pendant 45 min.
Savourer à la sortie du four ou tiède avec une salade.

Matafan aux champignons

Pour 4 personnes
Préparation : 20 min
Cuisson : 35 min
Repos : 30 min

INGRÉDIENTS

400 g de champignons de saison
8 œufs
100 g de flocons d'avoine
20 cl de lait
5 cl de crème fluide
100 g de cresson
100 g de tomme de Savoie
2 gousses d'ail
2 cuillerées à soupe d'huile d'olive
Sel, poivre

Fouetter les œufs dans un bol. Ajouter le lait, la crème et les flocons d'avoine. Saler, poivrer. Laisser reposer 30 min.

Préparer les champignons. Les nettoyer et les couper éventuellement selon leur grosseur. Dans une poêle, chauffer l'huile d'olive avec les gousses d'ail hachées. Cuire les champignons à feu vif pendant quelques minutes. Saler, poivrer. Réserver au chaud.

Couper la tomme en petits cubes.
Détacher les feuilles de cresson. Ajouter la moitié des feuilles dans la préparation aux œufs avant de la verser dans un plat à tarte beurré.
Cuire 30 min dans un four préchauffé à 150 °C (th. 5).
Déposer les cubes de tomme 5 min avant la fin de cuisson.

Savourer à la sortie du four, après avoir ajouté les champignons et les feuilles de cresson restantes.

Diots de Savoie à la purée de cerfeuil tubéreux

Pour 4 personnes
Préparation : 20 min
Cuisson : 50 min

INGRÉDIENTS

4 diots de Savoie
3 feuilles de laurier
1 brin de romarin
1 kg de cerfeuil tubéreux
5 cl de crème fluide
Sel, poivre

Sauce
20 cl de crème fleurette
130 g de bleu de Bresse
3 cm de gingembre
1 échalote
Poivre et baies roses

Cuire les diots dans une casserole d'eau frémissante avec le laurier et le romarin pendant 30 min. Égoutter. Les couper en rondelles. Réserver au chaud.

Éplucher et couper en rondelles le cerfeuil tubéreux. Les cuire dans une casserole d'eau bouillante salée pendant 15 min environ. Ils doivent être tendres. Égoutter. Les mixer avec 5 cl de crème fluide. Poivrer. Réserver au chaud.

PRÉPARER LA SAUCE
Éplucher, ciseler l'échalote.
Éplucher, ciseler le gingembre.
Couper le bleu en petits dés.
Chauffer la crème fleurette avec le gingembre.
Ajouter le bleu et l'échalote. Cuire 3 min à feu doux.
Poivrer. Ajouter les baies roses à votre convenance.

Répartir dans chaque assiette, la purée de cerfeuil tubéreux, les rondelles de diots. Arroser de sauce. Savourer aussitôt avec une salade amère : barbe de capucin, trévise ou scarole.

ASTUCE

Le cerfeuil tubéreux peut-être remplacé par des panais.

Crème à la châtaigne et tofu soyeux

Pour 4 personnes
Préparation : 10 min
Réfrigération : 1 h

INGRÉDIENTS

150 g de châtaignes pelées et cuites
150 g de chocolat blanc
400 g de tofu soyeux
4 gouttes d'huile essentielle d'orange douce

Mixer très finement les châtaignes.
Faire fondre le chocolat blanc au bain-marie.
Le mixer aussitôt avec les châtaignes puis verser le tofu soyeux égoutté et l'huile essentielle d'orange douce. Mixer pendant 3 min.
Verser dans quatre pots.
Réserver 1 h au réfrigérateur avant de savourer.

Tartelettes pommes noix

Pour 6 tartelettes
Préparation : 30 min
Cuisson : 20 min
Réfrigération : 1 h

INGRÉDIENTS

4 pommes
1/2 gousse de vanille
1 cuillerée à soupe de rhum
110 g de beurre
60 g d'huile de noix de coco
150 g de cerneaux de noix
150 g de dattes dénoyautées
6 rondelles de pommes séchées
Fleur de sel

Éplucher, couper les pommes en fines lamelles. Les verser dans une casserole avec les grains de la gousse de vanille et le rhum. Cuire à feu doux et à couvert en remuant fréquemment pendant 20 min environ. Les pommes doivent être fondantes et avoir perdu leur eau de végétation. Ajouter le beurre et une pincée de fleur de sel. Lorsqu'il est fondu, mixer finement. Laisser refroidir et réserver 1 h au frais.

PRÉPARER LA PÂTE À TARTE
Faites fondre l'huile de noix de coco.
Mixer les cerneaux, les dattes et l'huile jusqu'à obtenir une pâte.
La diviser en six boules. Placer un film étirable dans un moule à tartelette. Poser une boule de pâte et l'abaisser avec les doigts en remontant sur les bords. Recommencer pour les autres boules. Placer 1 h au frais.

Au moment de servir, démouler les tartelettes. Ajouter la purée de pommes et une rondelle de pomme séchée.
Savourer aussitôt.

HIVER

L'hiver serait la mauvaise saison pour certains. Avec son cortège de désagréments : pluies givrées, froid intense et chutes de neige qui contrarient le cours des jours. Comme un certain 8 décembre 1852, jour de l'inauguration de la statue de la Vierge au sommet de la colline de Fourvière à Lyon. Mais soudain le ciel tempétueux se calme et spontanément les habitants déposent sur leurs rebords de fenêtre des lumignons. Les autorités religieuses suivent le mouvement. La fête des Lumières ainsi serait née ! Cette victoire sur les éléments se retrouve aussi en cuisine. Avec le cardon, le légume emblématique de la ville de Vaux-en-Velin, qu'il faut priver de lumière pour que ses côtes restent blanches, résistant au froid jusqu'aux premières gelées avant son baptême du feu en cuisine. Préparé traditionnellement à la moelle de bœuf en plat festif, il est aussi considéré comme plante médicinale pour la sphère digestive. À condition de ne pas l'ensevelir sous le fromage. La tentation est grande tant ceux de gardes, Beaufort ou Abondance, ainsi que les tommes de Savoie, des Bauges, de Belledonne et de Chartreuse vous expédient n'importe quel plat au sommet de l'umami, la cinquième saveur.

Il est un autre soleil en hiver, noir et plissé. La vallée du Rhône entre en cueillette de la tanche, l'olive de Nyons et des Baronnies, une AOP dont on extraira une huile finement fruitée aux arômes de pomme verte et dont la notoriété dépasse les frontières de l'Hexagone. C'est l'occasion de nombreuses réjouissances dans les villages où la Confrérie des Chevaliers de l'Olivier de Nyons est invitée à goûter l'alicoque, un croûton frotté d'ail et arrosé d'huile nouvelle.

Il y a de bien bonnes raisons d'aimer l'hiver, avec des plats simples, mais dont l'excellence des produits leur donne une dimension liturgique : charcuteries et salaisons artisanales, jambon de l'Ardèche, Jésus et rosette de Lyon, andouillettes, cervelas pistaché, diots de Savoie accompagnés du fameux gratin dauphinois, un compressé de fines lamelles de pommes de terre cuites dans du lait, parfumé d'une gousse d'ail et de noix de muscade. Et rien d'autre ! diront avec force les puristes. Les becs sucrés ont aussi leur mot à dire : tarte au sucre, bugnes, gâteau de Savoie et autres brioches, dont celle légendaire aux pralines, popularisée par le pâtissier Auguste Pralus en 1955. En hiver, « *ventre à table et dos au feu* », dit le proverbe. Qui a parlé de mauvaise saison ?

Le meilleur de l'hiver

LÉGUMES

Betterave
Carotte
Cardon
Céleri
Choux vert, rouge, blanc, kale
Courges
Endive
Épinards
Mâche
Navet
Oignon
Panais
Poireau
Pomme de terre
Radis noir
Topinambour

FRUITS

Agrumes
Kiwi
Poire
Pomme

Verrines de cardons à la moelle

Pour 8 verrines
Préparation : 45 min
Cuisson : 1 h 30

INGRÉDIENTS

800 g de cardons
4 os à moelle
1 petit bouquet de cerfeuil
1 gousse d'ail
20 g de pignons de pin
40 g de beurre
2 cuillerées à soupe de farine
1 bouquet garni
1/2 jus de citron
Sel, fleur de sel, poivre

Ficeler les os pour éviter que la moelle ne s'échappe à la cuisson.
Les déposer dans une casserole. Couvrir d'eau à hauteur.
Ajouter le bouquet garni. Saler. Porter à frémissement et cuire 45 min à feu doux.
Filtrer le bouillon. Réserver.
Retirer la moelle, la couper en huit tronçons. Les réserver dans un peu de bouillon chaud.

Préparer les cardons. Retirer toutes les feuilles, couper les côtes en petits tronçons en prenant soin de retirer les fils. Les déposer aussitôt dans un bol d'eau froide avec le jus de citron pour éviter qu'ils noircissent.
Les cuire dans une casserole d'eau bouillante salée pendant 45 min environ. Ils doivent être tendres. Égoutter puis les mixer finement.
Les verser dans une passoire afin d'éliminer un maximum d'eau de végétation et obtenir une purée. Réserver.

Dans une casserole, faire fondre le beurre puis ajouter la farine.
Mélanger. Ajouter au fur et à mesure 30 cl du bouillon réservé jusqu'à obtenir la texture d'une béchamel. Ajouter la purée de cardons.
Mélanger. Réserver au chaud.

Plonger le cerfeuil dans 10 cl de bouillon chaud avec la gousse d'ail hachée. Cuire pendant 3 min à feu doux. Mixer finement.
Ajouter à la purée de cardons.

Torréfier à sec dans une poêle chaude les pignons de pin pendant 3 min.

Répartir la purée de cardons dans les verrines. Ajouter la moelle et les pignons de pin. Parsemer d'un peu de fleur de sel et de poivre du moulin.
Savourer aussitôt à l'apéritif.

Soupe à l'ail

Pour 4 personnes
Préparation : 20 min
Cuisson : 8 min

INGRÉDIENTS

8 gousses d'ail
600 g de persil tubéreux et ses fanes
20 g de beurre
80 cl de bouillon de volaille
2 cuillerées à soupe de farine de blé
100 g de gésiers confits
Sel, poivre

Éplucher, couper en quatre les gousses d'ail.
Éplucher, couper en fines rondelles le persil tubéreux. Réserver leurs fanes.
Dans une casserole, chauffer le beurre.
Ajouter les rondelles de persil tubéreux, les gousses d'ail. Rissoler à feu doux pendant 5 min. Ajouter la farine. Remuer puis ajouter petit à petit le bouillon de volaille. Saler légèrement. Cuire à feu doux et à couvert pendant 30 min. Mixer. Réserver au chaud.

Découper les gésiers en fines tranches.
Les réchauffer dans leur graisse dans une poêle pendant 3 min.
Ciseler quelques fanes de persil tubéreux.
Répartir la soupe dans les bols. Poivrer.
Ajouter les gésiers et les fanes ciselées.
Savourer aussitôt.

Salade grenobloise

Pour 4 personnes
Préparation : 25 min
Cuisson : 15 min

INGRÉDIENTS

1 radis red meat
1 betterave crue jaune
8 pommes de terre
20 œufs de caille
80 g de beaufort
50 g de noix de Grenoble
1 échalote
1 petit bouquet de cerfeuil
8 cuillerées à soupe d'huile de noix
3 cuillerées à soupe de vinaigre de noix
Sel, poivre

Cuire les pommes de terre à la vapeur pendant environ 10 min. Vérifier la cuisson avec la pointe d'un couteau. Les éplucher puis les couper en fines rondelles. Laisser refroidir.
Cuire les œufs de caille pendant 4 min dans une casserole d'eau bouillante. Les rafraîchir dans un bain d'eau froide avant de les écaler puis de les couper en deux.
Éplucher puis couper en très fines rondelles la betterave et le radis à la mandoline. Réserver.
Couper le beaufort en copeaux.
Éplucher l'échalote. La mixer avec le cerfeuil et les noix. Saler, poivrer.
Dans un bol, émulsionner l'huile et le vinaigre. Saler, poivrer.

Répartir dans chaque assiette les rondelles de radis, de betterave et de pommes de terre.
Ajouter les œufs de caille, les copeaux de Beaufort.
Parsemer du mélange aux noix et au cerfeuil.
Arroser de vinaigrette.
Savourer aussitôt.

Gratin de légumes à la dauphinoise

Pour 6 personnes
Préparation : 20 min
Cuisson : 2 h

INGRÉDIENTS

600 g de pommes de terre
400 g de butternut
400 g de patate douce
1 grosse pomme
40 cl de lait entier
20 cl de crème fleurette
10 g de beurre
1 gousse d'ail
3 feuilles de laurier
2 brins de thym
Sel, noix de muscade

Frotter un plat à gratin de la gousse d'ail pelée puis du beurre.
Verser le lait et la crème fleurette dans une casserole. Ajouter le restant de beurre, la gousse d'ail, le laurier et le thym.
Saler, puis ajouter une bonne râpée de noix de muscade. Porter à ébullition. Laisser infuser le temps de la préparation.

Éplucher et détailler en fines rondelles les pommes de terre, la butternut, la patate douce et la pomme.
Filtrer le lait et le reverser dans la casserole puis y ajouter les rondelles de légumes.
Mélanger délicatement pour bien les enrober.
Verser l'ensemble dans le plat à gratin.
Cuire pendant 2 h dans un four préchauffé à 160 °C (th. 5-6) en appuyant régulièrement sur la surface avec le dos d'une cuillère pour presser les légumes et les arroser de lait.

Savourer avec une salade verte à la sauce moutarde et des tranches de jambon de pays.

Tarte muroise à la crème de mâche

Pour 6 personnes
Préparation : 40 min
Cuisson : 1 h
Repos : 1 heure

INGRÉDIENTS

500 g d'échine de porc
400 g de noix de veau
15 cl de vin blanc
2 brins de thym
3 feuilles de laurier
500 g de champignons de Paris
1 oignon
100 g d'olives vertes dénoyautées
4 cuillerées à soupe d'huile d'olive
Sel, poivre

Pâte
200 g de farine de petit épeautre
100 g de farine de sarrasin
8 cl d'huile d'olive
10 cl d'eau
1 œuf
1/2 cuillerée à café de sel

Crème de mâche
120 g de mâche
10 g de beurre
20 cl de crème fleurette
Sel, poivre

PRÉPARER LA PÂTE
Mélanger dans le bol d'un robot les farines, le sel, l'huile d'olive, l'eau pour obtenir une texture granuleuse. Ajouter l'œuf. Pétrir rapidement pour former une boule. Au besoin, ajouter un peu d'eau. Laisser reposer 1 heure au frais. Abaisser la pâte dans un plat à tarte huilé. Cuire à blanc dans un four préchauffé à 180 °C (th. 6) pendant 30 min.

Couper l'échine de porc et la noix de veau en petits morceaux. Éplucher et détailler les champignons en fines lamelles. Dans une poêle, chauffer deux cuillerées à soupe d'huile d'olive. Rissoler les champignons à feu vif pendant 5 min environ. Saler, poivrer. Écarter. Réserver.

Chauffer les deux cuillerées à soupe d'huile d'olive restante. Rissoler l'oignon ciselé pendant 3 min puis ajouter les morceaux d'échine. Cuire à feu vif pendant 5 min en remuant souvent. Ajouter la noix de veau. Cuire pendant 3 min. Déglacer avec le vin blanc. Saler, poivrer. Ajouter le thym et le laurier. Poursuivre la cuisson 10 min. Retirer le thym et le laurier. Ajouter les champignons et les olives. Mélanger bien. Verser sur le fond de tarte en prenant soin de ne pas mettre de jus de cuisson pour ne pas détremper la pâte.
Réchauffer 10 min dans un four préchauffé à 180 °C (th. 6).

PRÉPARER LA CRÈME DE MÂCHE
Chauffer le beurre dans une casserole avec deux cuillerées à soupe d'eau. Ajouter la mâche et la faire fondre pendant 3 min. Ajouter la crème. Chauffer jusqu'au frémissement. Saler, poivrer. Mixer finement.

Servir la tarte nappée de crème de mâche.

Pintade au vin de noix et morilles

Pour 4 personnes
Préparation : 20 min
Cuisson : 1 h 30
Réhydratation : 30 min

INGRÉDIENTS

1 pintade
50 g de morilles séchées
1 kg de persil tubéreux
5 cuillerées à soupe de crème fraîche
15 cl de vin de noix
50 cl d'eau tiède
30 g de beurre
2 cuillerées à soupe d'huile d'olive
1 gousse d'ail
4 feuilles de laurier
3 brins de romarin
Sel, poivre

Verser l'eau tiède dans un bol et ajouter les morilles. Laisser gonfler pendant 30 min. Écarter les morilles. Filtrer l'eau de trempage. Réserver.

Farcir la pintade de la gousse d'ail épluchée, du laurier et du romarin.
Chauffer le beurre et l'huile d'olive dans une cocotte. Dorer la pintade sur toutes ses faces à feu moyen. Déglacer avec le vin de noix. Verser l'eau de trempage filtrée des morilles. Saler, poivrer. Cuire à feu doux et à couvert pendant 1 h 15 min en arrosant régulièrement. Ajouter les morilles et deux cuillerées à soupe de crème fraîche. Poursuivre la cuisson 15 min.

Éplucher, couper en rondelles le persil tubéreux. Les cuire dans une casserole d'eau bouillante salée pendant environ 25 min. Vérifier la cuisson avec la pointe d'un couteau. La chair doit être fondante. Égoutter. Mixer. Ajouter les trois cuillerées à soupe de crème fraîche. Poivrer.

Savourer la pintade avec la purée de persil tubéreux, généreusement arrosée de jus aux morilles.

Bœuf braisé au jus de carotte, paillassons de panais

Pour 4/6 personnes
Préparation : 40 min
Cuisson : 1 h 40

INGRÉDIENTS

Bœuf braisé
800 g de bœuf à braiser (gîte, paleron, plat de côte...)
2 oignons
3 carottes
60 cl de jus de carotte
2 tiges de citronnelle
3 cm de gingembre
1 gousse d'ail
2 cuillerées à soupe d'huile d'olive
20 g de beurre
1 cuillerée à soupe de farine
Sel, poivre, coriandre en poudre

Paillassons
800 g de panais
4 cuillerées à soupe d'huile d'olive
2 blancs d'œufs
30 g de beurre
2 cuillerées à soupe de fécule de pomme de terre
Sel, poivre, coriandre en poudre
30 g de beurre

PRÉPARER LE BŒUF BRAISÉ
Couper la viande en cubes.
Éplucher, ciseler les oignons.
Éplucher, couper en fines rondelles les carottes.
Couper les tiges de citronnelle en tronçons.
Éplucher, râper le gingembre.
Éplucher, hacher l'ail.
Chauffer le beurre et l'huile dans une cocotte.
Faire revenir les cubes de viande sur toutes leurs faces pendant environ 5 min à feu vif. Écarter.
Verser les oignons et les carottes dans la cocotte.
Rissoler à feu moyen pendant 5 min.
Reverser les cubes de bœuf. Saupoudrer de farine.
Bien mélanger. Verser le jus de carotte.
Ajouter la citronnelle, le gingembre, l'ail.
Saler, poivrer puis saupoudrer de coriandre à votre convenance.
Cuire à petits frémissements pendant 1 h 30.

PRÉPARER LES PAILLASSONS
Éplucher, râper à la grosse grille les panais.
Verser dans un bol. Ajouter les blancs d'œufs, la fécule et l'huile. Saler, poivrer et saupoudrer de coriandre à votre convenance. Mélanger.
Chauffer dans une poêle le beurre.
Déposer des petits tas de la préparation aux panais. Les aplatir. Cuire à feu moyen 7 à 8 min environ de chaque côté. Ils doivent être bien dorés.
Savourer le bœuf braisé avec les paillassons.

Risotto d'orge, céleri et poire

Pour 4/5 personnes
Préparation : 20 min
Cuisson : 30 min
Trempage : 12 h

INGRÉDIENTS

200 g d'orge mondé
300 g de céleri-rave
1 poire
1 échalote
3 cuillerées à soupe d'huile d'olive
10 cl de vin blanc
70 cl de bouillon de poule
150 g de bleu de Gex
Sel, poivre

LA VEILLE
Faire tremper l'orge dans un grand bol d'eau froide.

LE JOUR MÊME
Éplucher, ciseler l'échalote.
Éplucher, couper en brunoise le céleri.
Éplucher, couper en lamelles la poire.
Couper le bleu en petits morceaux.

Dans une cocotte, chauffer l'huile d'olive.
Rissoler à feu moyen l'échalote pendant 2 min.
Ajouter le céleri. Rissoler pendant 3 min en remuant régulièrement. Ajouter l'orge égouttée.
Rissoler pendant 3 min.
Déglacer avec le vin blanc. Saler légèrement.
Poivrer.
Verser un peu de bouillon chaud.
Lorsqu'il est complètement absorbé, ajouter de nouveau une petite quantité et ceci jusqu'à épuisement du bouillon, pendant environ 20 min. Ajouter les lamelles de poire et parsemer de bleu. Arroser d'un filet d'huile d'olive. Poivrer.
Savourer aussitôt.

ASTUCE

Ce risotto peut se réaliser aussi avec du petit épeautre.

Panna cotta grenade et pralines roses

Pour 4 personnes
Préparation : 10 min
Cuisson : 10 min
Réfrigération : 3 h

INGRÉDIENTS

130 g de pralines roses
50 cl de lait de coco
60 g de graines de chia
1/2 grenade

Concasser grossièrement les pralines.
Verser le lait de coco dans une casserole.
Chauffer à feu doux avec les pralines.
Lorsque l'enrobage a complètement fondu, filtrer.
Ajouter les graines de chia. Mélanger.
Laisser refroidir avant de verser dans des coupelles.
Placer 3 h au frais.
Détacher les grains de la grenade puis en parsemer la panna cotta.
Savourer aussitôt.

Cake aux noix et poires pochées

Pour 4 personnes
Préparation : 25 min
Cuisson : 1 h 45

INGRÉDIENTS

Poires pochées
4 petites poires
2 cuillerées à soupe de thé rouge
2 cuillerées à soupe de fleurs d'hibiscus
100 g de sucre
1 l d'eau

Cake
5 œufs
100 g de sucre muscovado
150 g de farine de noix
1 cuillerée à café de bicarbonate de soude
100 g de beurre
3 cuillerées à soupe de crème fraîche
1 cuillerée à soupe de cacao

Éplucher, évider les poires.
Porter l'eau à ébullition. Ajouter le thé rouge, les fleurs d'hibiscus et le sucre. Laisser infuser à petits frémissements pendant 15 min. Filtrer.
Reverser le sirop dans la casserole.
Ajouter les poires. Les pocher pendant 45 min à feu doux. Laisser refroidir dans le sirop. Égoutter.
Réserver le sirop.

PRÉPARER LE CAKE
Dans un bol, fouetter les jaunes d'œufs et le sucre jusqu'à obtenir un mélange mousseux.
Ajouter le beurre fondu, puis la farine de noix avec le bicarbonate et le cacao, puis la crème fraîche.
Monter les blancs en neige et les incorporer.

Dans un moule à cake beurré, verser la moitié de l'appareil. Placer les poires. Verser le reste de l'appareil.
Cuire dans un four préchauffé à 180 °C (th. 6) pendant 10 min puis baisser à 150 °C (th. 5).
Cuire 50 min. Vérifier la cuisson avec la pointe d'un couteau. La lame doit ressortir sèche.
Laisser refroidir avant de démouler et de badigeonner d'un peu de sirop réservé.
Savourer avec une tasse de thé sucré avec le sirop.

Table des recettes

Remerciements

Je remercie Jérôme Le Bihan, mon éditeur à la douce exigence, de sa confiance pour ce nouvel opus de la collection *Cuisine des 4 saisons*.

Un grand merci à la formidable équipe qui l'accompagne :
Lise Corlay
Catherine Jolivet
Carine Eckert
Cécile Gibbes

Merci à la précieuse collaboration des Maisons :

ANGEL DES MONTAGNES
Pour leur vaisselle, planches et objets déco.
11-13 avenue des Genévriers, 74200 Thonon-les-Bains
Instagram : @admfrance_creations
angeldesmontagnes.com

EMBRINS
Pour leur très belle gamme de serviettes en lin.
embrin.fr/fr
Instagram : @embrin_lin

Domitille Langot
inspirations-domitille.fr

Éditions **OUEST-FRANCE**

Éditeur Jérôme Le Bihan
Coordination éditoriale Lise Corlay
Conception et mise en pages Cécile Gibbes
Impression Sepec, Péronnas (01) - 08311210112

ISBN 978-2-7373-8463-9
N° d'éditeur : 10558-01-02-03-21
Dépôt légal : mars 2021

Imprimé en France
www.editionsouestfrance.fr